Pöyhkeän estoton lounas

Rappiorunokokoelma

Ilkanpoika A. Eskelinen
Olavi S. Pekkala

Pöyhkeän estoton lounas

Omistettu

Sempuralle & Vipulle

Pöyhkeän estoton lounas

© 2017 Ilkanpoika A.Eskelinen & Olavi S.Pekkala
Ulkoasu: Ilkanpoika A.Eskelinen & Olavi S.Pekkala
Kannen kuva: Olavi S.Pekkala

Kustantaja: BoD – Books on Demand, Helsinki, Suomi
Valmistaja: BoD – Books on Demand, Norderstedt, Saksa

ISBN: 978-951-568-003-7

5

Väärinymmärrettyjen elostelijoiden kohtaaminen

Ensirakkaus

Kiellettyjen himojeni ilmestymä.

Syntisten halujeni muodostuma.

Epäkelpo rakkauteni.

Haudassa makaava siskoni.

Viehkeästi homosteleva messias

Vieläkö muistat sen hetken,
kun ensimmäistä kertaa astuit rajan yli,
ja kiellettyä nektaria maistoit?

Kun fallossymbolin muotoista objektia,
konventioiden vastaiseen reikään työnsit.

Itseinhon ja mielihyvän ristiaallokossa vaikeroit,
"Olen vapahtaja, mutta itseäni en voi armahtaa".

Parantumaton romantikko

Oli hauska käydä rakkauden ammattilaisen luona.

Sain lakata hänen varpaankyntensä pinkiksi
ja ratkoa hänen parisuhdeongelmiaan viidensadan
euron tuntitaksalla.

Sitäkin hauskempaa oli,
kun seuraavana aamuna sain haaveilla tämän ihanan
naisen loimuavista kummuista
suihkussa masturboidessani.

Satunnainen sukulainen

Muistan kaihoisan katseesi
ja peitellyn viattomuutesi.

Kieroutunut hurmio pursusi kasvoiltani,
nousevan auringon jäädessä taakseni.

Olit uusi rivi törkytehtaassani.

Milloin tapaamme uudestaan,
rakas serkkuni?

Älä nuolaise kahdesti

Kun ensimmäisen kerran maistoin spermaasi,
tajusin, että minäkin saatan olla erehtyväinen.

Kun muutaman tunnin päästä lipaisin antaumuksella
vaginaa,
jossa viruivat sinun miehuutesi rippeet,
tajusin, että minä en tee virheitä.

Veljeni Sanna

Häntä kutsuttiin Sannaksi,
koska hän pukeutui naisten mekkoihin.

Hänen ylimääräiset ulokkeensa eivät haitanneet,
kun hän elosteli homofoobikkojen kanssa.

Hän antautui viettiensä vietäväksi,
vaikka oli tietoinen siitä,
etteivät he hänestä oikeasti välittäneet.

Ylivertaisuuden kylväjä

Kosteasta kokemuksesta kiisteltyyn kertomukseen.

Virttyneestä valheesta laupiaaseen erheeseen.

Hän ei ole tahtomattaan paha,
vaan tietoisen itseriittoinen.

Hän on hedonististen mielihalujen meritoitunut
toteuttaja.

Sellainen on Hän

Nautintojen puolustaja,
tuo rappiollisen elämäntavan halveksuttava ikoni,
joka itsekkäästi turmiollista agendaansa ajaa.

Latteuksien eristäjä,
tuo tekopyhyyttä syvästi vastustava häntäheikki,
joka vain ani harvoin tietoisesti hurskastelee.

Sellainen on hän,
tuo vastustamaton viettelijä,
tuo puoleensavetävä egomaanikko.

Ennakkoluuloton luonnonlapsi

Ensin hän sheivasi pallit,
sitten hän ajoi varren sileäksi ja pehmeäksi.

Mutta hän suoritti myös suolihuuhtelun.

Hän ei nimittäin tiennyt,
olisiko hän sinä iltana aktiivinen vai passiivinen.

Oikeastaan hän ei edes tiennyt,
kumpi hän ylipäätään oli,
sillä olihan hän kokeilemassa tätä vasta ensimmäistä
kertaa.

Hän oli kuitenkin päättänyt,
että hänestä ei tulisi sellaista pateettista vanhaa
hapannaamaa,
joka istuu kiikkustuolissa katkeroituneena vain sen
takia,
että miesrakkauden potentiaalinen hurmos oli
jäänyt häneltä nuorena kokematta.

Hyvin koulutettu kanssaihminen

Kun avaan housusi,
maistan pelkästään happamat piikkisi.

Kun näen sinut alastomana,
tunnen vain uudelleensyntyneet käskysi.

Kun laulat kanssani "Talk dirty to me",
tunnen ainoastaan minulle valikoidun valssisi.

Elähtänyt keräilijä

Hänen omatekoinen alttarinsa näytti jylhältä.

Hän oli rakentanut ison puisen ristin,
joka roikkui seinällä.

Siihen oli teipillä kiinnitetty muistoja hänen
saalistusreissuiltaan.

Lukemattomien naisten häpykarvatupsut killuivat
ristillä vieretysten.

Kuinka monta kiimaista hetkeä ne toivatkaan
mieleen.

Aina sunnuntaisin sympaattinen sankarimme
runkkasi pyhättönsä edessä ja surkutteli kohtaloaan:
"Miksei minulla ole pysyvää ja tasapainoista
parisuhdetta?"

Mustasukkaisuus

Kuviani katselin,
ja salaa runkkasin.

Olet niin hyvännäköinen.

Pidä turpasi kiinni,
tai heitän sinut alas parvekkeelta.

En näköjään osaa huokailla itsekseni.

Jalomielinen seksiobjekti

Kuolaat korvaani ja läähätät niskaani.

Kiehnäät haaravälissäni kuin kiimainen narttu.

Miksi teet niin?

Onko miehesi saamaton?
Olenko minä vastustamaton?

Eipä sillä toisaalta ole merkitystä,
sillä tänä yönä saat tuntea kylmän kosketukseni,
jota et tule koskaan unohtamaan.

Eteisen pöydällä on 12 mustaa ruusua.
Ota ne mukaasi.
Jokainen niistä muistuttaa sinua antamistani
orgasmeista.

Viileän suhteen kruunaus

Jäätyneet kyyneleesi annan sinulle koruiksi.

Ne ovat vihan muokkaamia suudelmia,
jotka kestävät eristävää kylmyyttäni ikuisesti.

Ne painavat särkynyttä mieltäsi minusta
muistuttaen.

Ja mutaista arkkuasi ne komistavat kauniisti.

Enää minun ei tarvitse hävetä sinua.

Nauravat kulkurit

Hän,
joka ylpeästi synnissä vaeltaa,
vaarallisen tuntuista hedelmää ensimmäisenä
maistaa,
neitsyen verta kuolaten janoaa,
ja tikarin housuihinsa viekkaasti piilottaa.

Hän on kuin minä ja sinä.

Me,
jotka äitiemme tuhkat olutlasiin sirottelemme,
ja ajoittain esiin nousevaa inhimillisyyttä
häpeämme.

Kadehdittu vapahtaja

Näin unta ristillä roikkuvasta ruumiistasi.

Pentagrammin muotoon väännetty orjantappura
korosti kutrejasi.
Vieläkin tanassa sojottava kyrpäsi osoitti uhmaten
kohti entisiä neitsyitä,
joiden oikeudenmukaisuuden nimiin vannovat ja
syvästi nöyryytetyt puolisot sinut tuomitsivat.

Olit kiellettyjen ajatusten tulkitsija ja
julkinen elostelija,
pelätty profeetta,
yhteiskunnan vihollinen numero yksi.

Näin äitisi ja vaimosi itkevän - häpesin heitä.

Palvoin sinua ja suutelin jalkojasi.
Olihan sinulla enemmän munaa kuin Jeesuksella.

Et katunut tekojasi ja uskalsit lyödä takaisin.

Dopamiinikeskeinen mentori

Nautintojen syklisyys määrittää elämän rytmin.

Vain todellinen hedonisti kykenee nousemaan kaiken tämän yläpuolelle.

Riisuhan itsesi, jotta voimme käydä läpi tämän eheytymisprosessin ensimmäisen vaiheen.

Armollisen kapakan helmoissa kukoistan

Huomasin, että savukkeet hupenivat askistani
kiihtyvän tahtiin.

Olin saanut eksklusiivisen kutsun, jota en tohtinut
heittää biojätteen mukana silmistäni pois.

Siellä oli toistakymmentä albiinoa kullit tanassa.

Se näytti yllättävän esteettiseltä,
mutta harva sitä olisi rytmiseksi voimisteluksi
kutsunut.

Vapaaehtoiset kandidaatit tarjoilivat aluksi vain
pientä elämystä.

Lopulta puhuimme konkreettisista teoista,
jotka saattaisivat sopivasti hinnoiteltuna posauttaa
tajuntani.

Onneksi olin aina tyytynyt osaani.

Tiesin kuka on heittopussi erotiikan markkinoilla.

Kun lopulta sitä saastaista pitsiverhoa raotin,
minulle valkeni,
että se oli sirkus ilman tirehtööriä.

Siellä manalan koirat maukuivat yksinäisyyttään.

Se oli kokemus, jonka avaamiseksi ei tarvittu
silmiä.

Traagisten marttyyrien kirous

Viimeinen toiveeni

Kuolemani jälkeen haluan,
että teurastatte ruumiini.

Lihaisimmista paloista teette makoisat pihvit,
jotka popsitte hymyssä suin.

Pääkallostani muovaatte pikarin,
josta nautitte tuoreena säilyneen vereni.

Loput jäännökseni poltatte uunissa,
ja juhlien päätteeksi sniffaatte tuhkat nenäänne.

Kiitos!

Perheidyllisen roolinsa vanki

Mummolta sain aina rahaa.
Myös hintaa ostaa meikkejä

Faija osti kledjuja, parhaita.
Halusin myös ponin.

Sain kaiken mitä halusin,
olinhan pikkuprinsessa

Isobroidilta pyysin röökiä,
ja alituiseen manguin Sorbusta.

Äiti heitti minut vittuun.

Sitä auliisti tarjosinkin kaikille,
sillä piikeillä on hintansa.

Pikkuveljelle tarjosin vain savuja ja frendejä,
huoria nekin.

Lopulta jätin isälle kirjeen.
"Kiitos autosta.
Toivottavasti rekkakuskille ei sattunut pahasti".

Kylmäksi kutsuttu

Sydämeni ei ole kylmä,
se on vain erilainen.

Se ohittaa rakkauden ja vihan,
ja siirtyy suoraan välinpitämättömyyteen.

Relatiivinen runoilija

En edes surrut,
vaikka olin juuri tappanut sinut.

Nyt olen korkeimmalla jalustalla.

Viimeinkin.

Langennut veljeni

Tyydytkö tosiaan vain makaamaan jalkojeni
juureen,
vaikka olin upottanut sinuun vihani siemenet,
silittänyt hiuksiasi ja kusettanut rakastavani sinua.

Mihin jäi koston hehkuva liekki silmistäsi,
ja sotahuuto,
jonka kirvoittamana ammoin ulvoimme läpi kostean
yön,
sammuen vierekkäin,
hurmoksen täyteisiä pikareita kilistellessämme,
tietäen uuden nousun pian koittavan.

Saiko valheellisen rehellisyydenpuuskani aiheuttama
huuruinen mielihyvän tunne sinut jälleen eheäksi?

Näytä varmuutesi,
piiskaa vapautesi,
surmaa hyvä veljesi.

Kumppanuuden reunamailla

Kutsuva kadotus,
kalmainen kaveruus.

Ylistetty alistaja,
kadotettu saalistaja.

Suoraselkäinen syntisäkki,
patologinen päihtyjä.

Sulosointuinen supattaja,
sarvipäinen armahtaja.

Pimeyteni paimentaja
pentagrammien kaivertaja.

Hän synkkiä katuja kulkee,
vain uusia, yhä likaisempia portteja avatakseen.

Hän katatonisesti meitä kaitsee,
ja sarkastisesti alamaisilleen hymyilee.

Hän on paras ystäväni,
pahuuden heijastus peilissäni.

Kruunaamaton kuningas

Siveysvyösi jälkikäteen,
ohimennen näin.
Olisinhan sen huomannut,
jos olisit vähänkään vihjannut.

Ei minulla ole silmiä aristokraattisille
mielenpurkauksille,
vaikka naiskauneutta arvostankin.

Tapa se,
niin kukaan ei saa tietää.

Parempi äpärälle,
jota en koskaan tule tunnustamaan.

Parempi isättömälle,
jota en koskaan tule alistamaan.

En voisi sietää sitä,
jos hän ylittäisi saavutukseni.

Ehkä myöhemmin,
itken salaa hiljaa.

39

Valkoinen ratsu

Pellavainen pusuhuuli,
viettelee vihtahousunkin.

Liukaskielinen kaunosielu,
joka rienaavasti rakastaa,
ei tahtoisi pahaa kierrättää.

Vaan häilyvä on luottamus,
johon nojaat parhaillaan.

Arvokkuuden laitapuolella

Me olemme niin mahtavia,
että yhteenlasketut egomme mahtuvat ilmapalloon,
johon on survottu keskiluokkaisten latteuksien
laadukkain kerma.

Se ei toki ole paljon se.

Kaulapantainen puudeli

Olen kuin kadulla kasvanut koira,
joka vaistojensa johdattelemana kaoottisesti kirmaa.

Tappurakruunuinen panta kuristaa ja ohjaa,
se kertoo miten elän.

Onko sinusta lauman johtajaksi?

Anna minun rauhassa saalistaa,
ja veren maku suussa levollisena nukahtaa.

Muista, että voittaminen on aina totuutta
tärkeämpää.

Sivullinen

Elät kuin syvien rikkauksien sokaisema hallitsija,
joka laakereillaan leväten,
vaipuu ikuiseen kadotukseen.

Kukoistuksen ajan muistojen kadotetulta alttarilta
ajautuu moni harmaantunutta nimeään etsimään.

Vaan turha on hiipuneen kuninkaan valtakuntaansa
enää yrittää pelastaa.

Salaperäinen kotirouva

Kerro miehellesi terveisiä,
kun hän ottaa sinut takaapäin.

On hyvä nussia varastoon,
koska hän on koko ensi viikon työmatkalla.

Huolehdit omista tarpeistasi varhaiskeski-ikäisen
naisen itsevarmuudella.

Uskallat asettaa libidosi etusijalle.

Huominen vierailu naapurin Maurin
makuuhuoneeseen tuntuu tämän
iltaisen hurmion jälkeen entistä kiehtovammalta.

Iltajuoksulla Riminissä

Polvenkorkuinen musta Pikku Pele laulaa
Deutschland, Deutschland!

Kaiku vastaa ryssäksi jotakin vastaavaa.

Tarjoilijaneitokainen tyrkyttää väljähtynyttä kaljaa.
Ostan lisää.

Pahamaineisen moottoripyöräjengin presidentti
hymyilee vaivautuneesti minut nähdessään.

Alaikäinen hedelmällisyyden jumalatar tarjoaa
estottomasti avujaan flegmaattiselle vastaanotolle.

Musta Pikku Pele hakkaa pallopeliä
maanisesti apinan raivolla.
Kuin kostaen jotakin esi-isien geeneihin tatuoitua
häpeällistä tappiota.

Samalla tajusin, ettei Suomi tule koskaan
pärjäämään futiksessa.
Talvisodan Ihme ei tule toistumaan.

Sentään Danten haudalla rouva myöntyi "Pregoon"
vielä sulkemisaikaan.

Muistuttaen siitä, että helvetin portit ovat aina
avoimena ja sieltä tulee saamaan mitä on tilannut.

Viihtyisinköhän tuonelassa rantaparatiisia
paremmin?

Infernaalinen kusetus

Lautturille sanoin,
"Sir, tämä ei kelpaa.
Minä paskannan ne madot
ja syön ne lepakot,
jotka yrität minulle tarjota,
jos et ohjaa minua alempaan kerrokseen."

Mitä minä niiden pikkutuhmien sievistelijöiden
seurassa manailisin?

Missä ovat
kokkelivuorien kumoajat,
seireenien selättäjät,
Azazelin kammioon kaipaavat,
kellahtaneen ristin kumartajat?

Heidän seurassa haluan,
viettää iäisyyden.

Ryvettyä kotoisessa kadotuksessa,
ja hienostella helvetin ikuisessa tulessa.

Olla kerrankin rauhassa,
oma itseni.

Takuumies

Huomasin, että tyhjyys tarvitsee selittäjän.
Sellaisen kaverin, joka on nähnyt vastakohdat.
Terävyyden pohjan.
Tarkoituksellisen alaosan
Vastaväittäjän kohteliaan käytöksen.
Sen alla leikkivän naisen.
Meitä kaikkia koskettavan elämyksen.
Vastuunpakoilijaksi kutsutun kaverin
traumatisoivan erheen.
Mittasuhteiden venyttäjän.

Miksi saavuimme tänne vailla päämäärää?
Liu'utatko vailla tunnetta?
Sinä karismaattinen maitoparta.
Sanoituksellinen peto.
Huomattavan adaptoiva.
Rellestävä hiipivien kumpujen täyttäjä.
Sairaalloisen harhainen.
Antaumuksellisesti aamunkoittoa ihannoiva
idealisti.

Alhaisia tarpeita ymmärtävä mies.
Takuumies.

Hourailevien individualistien joutsenlaulu

Ajatuksia rakkaudesta (osa I)

Yksinjäämisen pelko,
hiipii verkkokalvolle,
taas kerran pariutumisvietti ohjaa elämää.

Onhan elämä ainutlaatuinen kokemus,
joka vaatii kumppanuutta.

Usein se kuitenkin päätyy omavalintaiseen
tragediaan,
naisen muotoiseen pulloon.

Ajatuksia rakkaudesta (osa 2)

Rakkaani,
en ole pahoillani siitä, että uskallan kohdata sinut
vain kännissä.

Silloin olen aidoimmillani.

Selvin päin joudun keskittymään oman
kusipäisyyteni peittämiseen.

Ajatuksia rakkaudesta (osa 3)

Rakkaus on toisinaan kuin itä-blokissa nenänsä
valkaissut tiineyden ammattilainen.

Satunnainen oikeista napeista painaminen
ei millään tavalla poista
kokemuksen totaalista merkityksettömyyttä ja
yhdentekevää luonnetta.

Ajatuksia rakkaudesta (osa 4)

Parhaita ystäviään ei kannata murhata,
koska heitä rakastaa niin paljon.

Jäähyväisten kertotaulu

Sanoisin,
jos välittäisin.

Kertoisin,
jos rakastaisin.

Pussaisin,
jos rakastella haluaisin.

Hyvää elämää toivottaisin,
jos haluaisin.

Alkuvoimainen aihio

Maailman suurimmat voimat kohtaavat vitussa.

Siellä säälittävät eskapismin unelmoijat saavat
ensimmäisen sysäyksensä.

Siellä juoksupojat puhuvat kerrankin avoimesti.

Siellä kaiken nähneet tuhlarikeikarit törmäävät
definitiiviseen seinään.

Sieltä paras ystäväsi ei olisi koskaan halunnut
paeta.

Jumalhämärä

Koska ne aamut saapuvat?

Koska saamme kokea raikkaan tuulahduksen?

Koska saamme nähdä valon oikeassa merkityksessä?

Saavutammeko koskaan sitä jumalaista määränpäätä,
jota kohti aikoinaan suuntasimme?

Ihmisyyden kellarikerroksista ei ehkä ole paluuta
pinnalle,
mutta nämä käytävät me tunnemme paremmin kuin
kukaan muu.

Lähdön kaipuu ja elämisen vaikeus

Annan sinulle nyt sen,
minkä sinä kuvittelet saavasi,
vasta kun selviät tästä kaikesta.

Sen tunteen,
että kaikki merkityksellinen on kirjoitettu omalla
verelläsi.

Introspektiivinen täsmäiskujen tekijä

Älä käännä lehteäsi,
ellet halua voimallisia tunteita.

Älä pure itseäsi,
ellet halua veljiesi haavoista tunnetuksi tulla.

Älä lausu kertotaulua,
ellet halua paheitasi oppia laskemaan.

Älä livu aamunkoittoon,
ellet ole varma sankaruudestasi.

Katolla

Liian montaa kertaa olin apuani tarjonnut.

Ainoastaan tuhahdin, kun lopulta tönäisin.

Ruokkiva tarjoilija

Saatanan ruoska ei tunnu enää miltään.

Alavireinen kitara antaa myöten.

Minuutesi halvat tunnit antavat odottaa sienestäjää.

Inhimillisyyden usvaan katoavissa
luonteenpiirteissäsi sarjamurhaajan uurteet tekevät
tuhojaan.

Sielunmaisemani soundtrack

Kysyit, miksi heräsin taas hymyillen.
En tiedä vastausta, muistan vain unieni
äänimaiseman.

Saatanalliset soidinmenot,
muinaisten jumalien manaukset.

Kieroutuneen käyrätorven,
tuomiopäivän pasuunan.

Säälivirsien saivartelun,
katkeroituneen kehtolaulun.

Vaienneen viulun vaikeroinnin,
sammuvan liekin lepatuksen.

Näkymättömän vainoajan hengityksen,
entisen immen tukahdutetun huudon.

Toisinaan häiritsee, etten enää herää omaan
huutooni.
Se tunne on ohimenevä.

Nuku sinäkin levollisesti,
äläkä kysele typeriä.

Konservatiivinen lumihiutale

Pienen sikiön kuva,
määrittää miehen uudelleen.

Alfauroksen kuva,
perustuu maskuliiniseen illuusioon.

Toisen naisen kuva,
antaa lähinnä perspektiiviä.

Seuraavan naisen kuva,
avaa portin lähimmäisenrakkauteen.

Hedonistin manifesti

Mikään elämässä ei ole mielihyvän generointia
tärkeämpää.

Vain homot ja huumeidenkäyttäjät todella
ymmärtävät tämän.

Siksi ojennankin heille täydellinen elämä -
palkinnon.

Tulen kuitenkin kuolemaani saakka puolustamaan
oikeuttasi elää onnetonta ja surkeaa elämää.

Tauko vierasvenesatamassa

Olimme jumalan kämmenellä.
Siellä oli turvallista.
Synkkä pastori sen lopulta tunnusti:
Ajanhaaskausta ja älyn vajaakäyttöä.

Sadonkorjuun hetki

Viikatemies,
virittele viittasi,
teroita työkalusi,
kyntöaika koittaa.

Tänään ei sääliä kaivata,
eikä armoa anneta,
kukin pärjätköön omillaan.

Näistä juhlista eivät kaikki palaa ehjänä kotiin.

Kippis, pojat! Tästä se lähtee!

Seuranhakuilmoitus

Toivon, että sinulla on suuret käsitykset itsestäsi.
Arvostan mielikuvia rajattomasta menestyksestä
sekä jumalallisesta kauneudesta.
Toivottavasti olet niin ainutlaatuinen kultakimpale,
että sinua ymmärtävät ainoastaan harvat ja valitut.
Korostuneen ihailun ja erityiskohtelun vaatiminen
ovat ehdottomasti plussaa.
Ethän myöskään pelkää käyttää sinua huonompia
hyväksesi.

Täällä sinua odottaa lipevä ja pinnallisen viehättävä
don-Juan -tyyppinen viettelijä, joka valehtelee
patologisesti.
Olen ehdottoman manipuloiva ja elämäntyylini on
loismainen.
Minua on usein kiitelty siitä, että uskallan olla sekä
välinpitämätön että vastuuton.
Minulla ei ole pitkän tähtäimen päämääriä ja olen
totaalisen kykenemätön rakastamaan ketään.
Impulsiivinen ja holtiton luonteeni tekee minusta
todella ennalta-arvaamattoman etenkin silloin, kun
olen päihteiden vaikutuksen alaisena.

Odotan innolla ylimielisiä ja röyhkeitä
vastauksianne.

PS: Empatiaan kykenevät älkööt vaivautuko.

Vähämielinen parivaljakkomme vaeltaa itseriittoisesti hedonismin aallonharjalla. He soittavat raivoisasti kitaraa äitinne kohdussa, unohtamatta kosmista naurua pedon kidassa. Rappiotematiikan empiiriset tutkijat antavat sinulle mahdollisuuden aistia häiriintyneiden sielunmaisemien pöyhkeää estottomuutta.